YAHWEH,

MON BERGER ET MON ROI

VERSION RÉVISÉE

PASTEUR RUBEN JOSEPH

« Yahweh, Mon Berger et Mon Roi » est la traduction
française du titre original « Yahweh, My Shepherd and
My King », écrit par Ruben Joseph. Cette traduction a
été totalement réalisée, avec sa permission formelle et
légale et à son service, par Kysler Jean Jacques, sous les
auspices de BUTLAP (Bureau des Travaux de la Langue
et de la Pensée).

To order additional copies of this book, contact:
Xlibris
844-714-8691
www.Xlibris.com
Orders@Xlibris.com

ISBN: Softcover   978-1-6641-7597-6
        EBook   978-1-6641-7596-9

Print information available on the last page

Rev. date: 04/05/2023

CONTENTS

DÉDICACES ET REMERCIEMENTS

Je bénirai l'Éternel en tout temps ; Sa louange sera toujours dans ma bouche !

Ps. 34 :1 (LSG)

Ma plus grande gratitude et mes remerciements vont à Yahweh qui m'a donné et m'a conservé la vie, Lui qui m'a accueilli comme l'un des Siens. Quand même je me livrerais des milliers de fois en sacrifice pour servir à Sa gloire, cela ne suffirait pas à exprimer tout ce qu'Il est pour moi, ni à rembourser tout ce que je Lui dois, en vertu de ce qu'Il a fait pour moi. Il est mon Berger, et je suis à jamais Sa brebis.

Amen !!!

Je dédie ce livre à ma merveilleuse femme, Dr. Kédare Joseph, et à Belle et Ruby, mes deux petites princesses qui font ma joie et ma fierté. Je leur dis merci d'avoir été pour moi un roc et une inspiration. Je les aime de tout mon être.

Ce livre est aussi dédié à mon père, à mes frères et sœurs, ainsi qu'à mes proches. Je les remercie pour leurs prières et leurs supports. Comme je les aime !

Je tiens à remercier tous mes amis intimes qui m'ont aidé à tenir bon contre vents et marées, et qui ont incroyablement contribué à ce que je suis devenu aujourd'hui. J'ai à leur égard une dette perpétuelle.

J'adresse mes remerciements spéciaux à Dr. Martin Klingbeil ; aux Époux Laguerre, Dr. Clifford et Dr. Josie ; au Pasteur Margaret Kartwe ; à l'Ancien de l'Église, M. Kerby Levasseur ; au Commissionnaire Jean Monestime ; à l'Ancien de l'Église, M. Caleb Buisson ; au Pasteur Philips Monpremier ; à « Mon Ancien », M. Lincoln Wray ; aux Époux Williams, M. Collin et Mme Dawn ; à l'Ancien de l'Eglise, M. Charles Cammack; à M. Jean Germeil, mon frère en Christ ; et à tous ceux et toutes celles qui ont investi en moi pendant bien des années. Puisse Dieu les bénir richement !

Une reconnaissance spéciale envers Dr. Allan Machado, Dr. Jose Joseph, Dr. Conrad Duncan, Pasteur Nicolas Louis, Dr. Gervon Marsh, Dr. Luc Pierre, Dr. Lamartine Porcena, Pasteur Abdias Montélus, Pasteur Donald André, Pastor Sylvéus Victor et Pasteur Garry Gordon.

Je remercie énormément Pasteur Joseph Mondésir qui a facilité les relations dans le cadre de ce projet de traduction.

Je ne saurais oublier le Pasteur Kysler Jean Jacques qui a traduit le livre de l'Anglais au Français, PDG de la firme BUTLAP (Bureau des Travaux de la Langue et de la Pensée).

PRÉFACE

Le réformateur protestant, l'Allemand Martin Luther, a une fois produit le commentaire suivant sur le livre des Psaumes : « S'il y a une bonne raison pour laquelle le Psautier doit être regardé comme un livre précieux à chérir, c'est que la promesse de la mort et de la résurrection du Christ est si évidente que le livre des Psaumes pourrait s'appeler avec raison une "Petite Bible ". (...) Dans tout le Psautier, l'entièreté des contenus de la Bible devient compréhensible dans une sublime beauté et concision, sans compter le fait que le Royaume Messianique, les conditions et la nature de la Foi chrétienne y sont nettement évoqués et décrits » (Martin Luther, « Préface au Psautier » *LW* 35, p. 254).

S'il est vrai que le Psautier résume toute l'Écriture Sainte, c'est surtout le Psaume 23 qui, de tous les 150 poèmes, capture la quintessence du Psautier de par son admirable symbolisme : Yahweh, mon Berger et mon Roi. Ce Psaume davidique est indéniablement le plus connu, le plus mémorisé et le plus récité du Psautier.

Toutefois, cette familiarité compromet la valeur de ce texte. Pire encore, notre indifférence a pris le dessus sur sa compréhension. Car, bien connaître un texte peut nous exposer au danger de cacher sa signification derrière les récitations et nous faire sombrer dans la pure liturgie.

Le livre de Pasteur Ruben Joseph cherche alors à redonner au symbolisme du Psaume 23 sa fraîcheur, en mettant en exergue les deux métaphores du Divin Berger et du Roi, qui non seulement reflètent la vie de David, mais en même temps convergent vers Jésus-Christ en tant que Berger et Roi.

L'auteur évoque ainsi à nos yeux et à notre esprit, la nécessité d'un engagement nouveau avec ce Poème, désirant nous aider à suivre notre Divin Berger à travers les eaux paisibles et les verts pâturages, aussi bien que dans les vallées de la mort, tandis que nous entrons au palais de notre Divin Roi. Là, sont dressées les tables du festin, s'opère notre guérison, et nous attendent les coupes débordantes de sa grâce éternelle.

Martin G. Klingbeil, D.Litt.
Professeur de l'Ancien Testament et des Études du Proche-Orient Ancien
À la Faculté des Religions de l'Université Adventiste du Sud des Etats-Unis
(Southern Adventist University)

Le Psaume 23 est en effet un chef-d'œuvre intemporel rempli de symbolismes pastoraux splendides et pittoresques.

INTRODUCTION

De l'avis des critiques, les Psaumes ont été produits dans un contexte liturgique. Ces poèmes épousent la même structure que les livres du Pentateuque : prière, célébrations, hymnes et lamentations. Le Psautier hébraïque offre un canevas atemporel de prières à l'usage de toutes les générations. La véracité d'une telle idée est particulièrement illustrée et incorporée dans le Psaume 23, ci-dessous retranscrit :

L'Éternel est mon berger :
Je ne manquerai de rien.
Il me fait reposer dans de verts pâturages,
Il me dirige près des eaux paisibles.
Il restaure mon âme.
Il me conduit dans les sentiers de la justice,
A cause de son nom.
Quand je marche dans la vallée de l'ombre de la mort,
Je ne crains aucun mal, car tu es avec moi :
Ta houlette et ton bâton me rassurent.
Tu dresses devant moi une table, en face de mes adversaires ;
Tu oins d'huile ma tête, et ma coupe déborde.
Oui, le bonheur et la grâce m'accompagneront tous les jours de ma vie ;
Et j'habiterai dans la maison de l'Éternel
Jusqu'à la fin de mes jours.

« De tout l'Ancien Testament, le Psaume 23 est, selon les commentateurs, le passage le plus connu de tous, qu'ils soient chrétiens ou non, et probablement le plus aimé. L'engouement de ce Psaume réside dans la simplicité de sa rédaction, ainsi que dans sa beauté poétique et dans la confiance sereine qu'il transpire et sous-tend ».[1]

En grandissant, Je me souviens du Psaume 23, comme étant le premier psaume que mes frères et sœurs et moi avons appris et mémorisé. D'autres psaumes comme les Psaumes 1, 5, 27, 46, 91, 92 et 121 étaient également populaires chez nous, mais le Psaume 23 était, à coup sûr, le plus récité pendant le culte familial, surtout quand nous étions pressés.

Par coïncidence, mon premier sermon, que ma défunte mère a préparé pour moi et m'a enseigné, était basé sur le Psaume 23. Ce beau Poème était, et est toujours pour moi, l'épicentre du Livre des Psaumes.

Le Psaume 23 est en effet un chef-d'œuvre intemporel rempli de symbolismes pastoraux splendides et pittoresques, lesquels transportent l'imagination bien au-delà des circonstances immédiates et habituelles.

Le Psaume est récité tant dans les domaines du confort, de l'orientation et du conseil que pour la délivrance, comme dans le courant dominant de l'art cinématographique apparenté aux moments réels de détresse : funérailles, commémorations, moments de turbulence, et bien entendu, dans la liturgie de l'adoration à l'Église. Étant perçu comme une prière magique, il est fort souvent utilisé comme une voie automatique pour résoudre des problèmes.

---

1 Erwin Blasa et Clarence Marquez, "Vers Une 'Spiritualité de Berger' : L'Application de l'Image de Brebis-Berger / Brebis-et-Berger dans le Psaume 23 (Formation-Conférence à Philippines." *Philippiniana Sacra 45*, no. 135 (September 2010) : 610–70.

Cependant, bien au-delà des mérites de l'auteur du Psaume et de la beauté de son arrangement, il est notoire que sa valeur et sa puissance relèvent de Celui auquel il se rapporte : Le Berger.

Les spécialistes de la Bible subdivisent le livre des Psaumes en diverses catégories. Herman Gunkel, dans son livre intitulé *The Psalms : A Form-Critical Introduction (Les Psaumes : Une Forme d'Introduction Critique)*, classe le Psaume 23 dans la sous-catégorie des psaumes de confiance. « Ces psaumes », souligne-t-il, « reformule les psaumes de lamentation et inverse le focus sur l'expression de confiance et d'espérance. Ce sont des psaumes qui se réfèrent souvent à Yahweh à la troisième personne ».[2]

Néanmoins, mon observation me porte à croire que ce Poème comprend intentionnellement des métaphores desquelles se déduit aisément le symbolisme royal. En outre, Gottfried Voigt signale que « le titre de berger indique la royauté de Jésus, dans le contexte large de l'utilisation de cette notion dans le Proche-Orient qui, justement, relie la fonction de berger à la figure de domination royale ».[3]

Il importe de réaliser que, contrairement à la métaphore du berger, celle du roi-hôte est souvent inconsciente, voire complètement omise dans le poème du Psaume 23. Philip Nel J. signale que, dans bien des écrits de savants, le focus principal est mis sur les « expressions métaphoriques impliquant le berger qui est associé à Dieu Lui-même— Dieu étant par conséquent vu comme un berger ».[4]

---

2 Hermann Gunkel, *The Psalms : A Form-Critical Introduction*, trans. Thomas M. Horner (Tubingen : Fortress Press, 1967), 10.

3 Gottfried Voigt, "The Speaking Christ in His Royal Office." *Concordia Theological Monthly* 23 (1952) : 161–75.

4 Philip Nel J., "Yahweh Is a Shepherd : Conceptual Metaphor in Psalm 23." *Horizons in Biblical Theology* 27 (2005) : 79–103.

Erwin Blasa et Clarence Marquez expliquent, à leur tour, que plus d'un se satisfont de « la figure de Jésus-Christ en tant que Berger de l'Église . . . [et bien d'autres encore] proposent une éventuelle application de l'image de *Brebis-Berger* au Psaume 23 ».[5]

Il est à noter qu'une telle visée du livre ne nie en rien son interprétation du berger, d'autant que le Psaume inclut naturellement tous les symbolismes possibles du berger.

À cet effet, l'orientation du présent ouvrage offre à l'esprit déjà saturé d'assurances et d'informations traditionnelles sur le Psaume 23, une réflexion plus approfondie autour de ce Psaume, en priorisant délibérément le langage royal qui y est tacitement inscrit.

Aussi ma motivation en écrivant ce livre découle-t-elle de mon expérience personnelle avec Christ comme mon Seigneur et mon Roi. Une motivation qui s'enracine également dans ma conviction que David a intentionnellement fait usage de la métaphore de berger en contrepartie de la métaphore du roi-hôte, et en relation avec elle.

Ce concept de Roi-Hôte est introduit fort tard dans le Psaume pour servir du coup à établir l'image complète de sa perception de YHWH (Yahweh). C'est que le Seigneur accorde de tendres soins à Ses enfants, comme un berger le fait pour ses brebis, tandis qu'Il règne souverainement sur la bergerie en tant que Celui qui détient et exerce l'autorité finale sur les moutons en matière de bien-être et de destin.

En cherchant à atteindre l'objectif de ce livre, je ne me limiterai pas à démontrer le changement de paradigme entre métaphore du berger et le symbolisme royal glissé dans le Psaume, comme l'a voulu l'auteur. Mon approche du Psaume 23 sera plutôt exégétique et expositoire, tout en évoquant les aspects historiques, culturels et modernes de ces deux métaphores.

---

5 Erwin Blasa and Clarence Marquez, "Towards A 'Shepherd' Spirituality: The Application of the Image of Sheep-and-Shepherd in Psalm 23 to Seminary Formation in the Philippines." *Philippiniana Sacra* 45, no. 135 (September 2010) : 610–70.

Le statut de berger
a joué un rôle central
dans la vie des
Israélites, en tant que
société pastorale.

SECTION 1

CHAPITRE I — LA MÉTAPHORE DU BERGER

La paternité davidique du Psaume 23 se remarque depuis les informations préliminaires (la suscription). De plus, on admet comme un fait notoire que David fut, lui-même, berger et roi. Son expérience d'avoir pris soin de son peuple et de ses brebis lui permit une compréhension très poussée des devoirs d'un berger.

Toutefois, Jacqulyn Thorpe Brown nous laisse entendre qu'ici « dans le 23è

Psaume, David n'est pas en train de parler en sa qualité de berger, bien qu'il en ait été un, mais en tant que brebis, faisant partie d'un troupeau ».[6] Par conséquent, en guise de fournir une *explication de YHWH*, le Psaume expose une *expérience avec YHWH*. Et cela commence avec une exclamation :

« L'Éternel est mon Berger » (v. 1a).

Cette déclaration est devenue le moteur autour duquel tourne et travaille tout le reste du Psaume. Tout autre énoncé sera en relation avec la Personne du Berger. Et c'est bien le mot *berger* que l'auteur utilise pour décrire YHWH.

---

6 Jacqulyn Thorpe Brown, "Psalm 23 : A Remix." *Journal of Religious Thought* 59/60, no. 1/2, 1 (January 2006) : 165–79.

L'espoir, la confiance, l'attente et l'exultation ne sont possibles que lorsque le berger s'est révélé digne de confiance. Par conséquent, la puissance du Psaume devient subordonnée à la compétence du Berger.

Mais pourquoi berger ?

Selon les récits de l'AT (Ancien Testament), le statut de berger a joué un rôle central dans la vie des Israélites, en tant que société pastorale. Abraham, Moïse, David, et Amos le prophète, étaient tous des bergers.

La fête annuelle de la tonte (des brebis) en Israël était un événement qui attirait l'attention du roi (2 Sam. 13 :23ss). Genèse 47 :3 rapporte la réponse des fils de Jacob à la question de Pharaon sur leurs professions : « Vos serviteurs sont bergers ».

Il semble que ce fut une profession très répandue dans les temps bibliques, et favorablement considérée compte tenu de l'offrande d'Abel, le berger, qui fut agréée par YHWH, à l'opposé de celle de son frère Caïn, faite de fruits de la terre et ainsi rejetée par YHWH (Genèse 4 :1-9).

Les premiers auditeurs ou lecteurs originaux du Psaume 23 ne percevaient pas uniquement le berger comme soignant les brebis, mais comme un leader qui gouverne son peuple. Jørn Varhug a fait remarquer que lorsque Saint Jérôme a traduit, le premier verset du Psaume 23 par l'expression « *Dominus Regit me* » (i.e. *Le Seigneur gouverne ma vie*), il était probablement plus proche de l'interprétation du jour que quand il le rendit par la suite « *Dominus pascit me* » (i.e. *Le Seigneur prend soin de moi*) ; bien que « *Pascit* » se révèle une traduction plus exacte de l'original Hébreu רֹעִי (i.e. *Prendre soin*).[7]

---

7 Jørn Varhug, "The Decline of the Shepherd Metaphor as Royal Self-Expression." *SJOT : Scandinavian Journal of the Old Testament 33*, no. 1 (May 2019) : 16–23.

En d'autres termes, être un « berger » implique quelque chose de plus grand que sa simple définition ordinaire. CE QU'EST LE BERGER dépasse de loin CE QUE FAIT LE BERGER. Sa réputation Le précède, et Son caractère est la base de sa réputation.

Être ou devenir un berger requiert de la force, du pouvoir et de la domination. Dès lors, il est fondamental pour le berger de savoir démontrer ces caractéristiques dans ses rapports avec les brebis. Cela est particulièrement vrai quand il convient de l'appliquer à YHWH et Son Peuple.

YHWH est Omniscient, Omniprésent et Omnipotent. Si cela Lui plaisait, Il pouvait bien abuser de Sa puissance et maltraiter Ses brebis, et il n'y aurait aucune autre puissance assez forte pour Le combattre. Cependant, Il s'abstient de le faire, parce que ce n'est tout simplement pas Qui Il est.

Dans le Proche Orient ancien, le rôle et le titre de berger étaient utilisés pour une représentation sociale du leadership, comme pour décrire la nature de la relation entre leaders et les gens placés sous leur responsabilité.

C'est ainsi que la métaphore du « berger » a acquis de manière croissante la connotation optimale de roi, spécifiquement durant l'ère préexilique. « Décrits et représentés portant un bâton (ou une masse) et une houlette de berger, comme insignes de leur autorité et de leur fonction, les divinités et les monarques portaient l'étiquette de berger des peuples ».[8] (J'y reviendrai au verset quatre pour élaborer un plus là-dessus).

---

8 James Mayes Luther, *Psalms-Interpretation-A Bible Commentary for Teaching and Preaching* (Louisville : John Knox Press, [1994]), 117.

Même les prophètes Ezéchiel et Esaïe ont recouru à cette représentation pour décrire YHWH comme « Le (Dieu) Fort » et « Berger » en référence à Sa royauté (Ezé. 34 ; Esa. 40 :9-11).[9]

Également, dans les sociétés modernes, le concept « berger » est utilisé pour décrire des gens importants en position de leadership, tels que les rois, les pasteurs, les enseignants, et autres en des positions semblables. Moi aussi, bon nombre des membres de ma congrégation m'appellent berger. En Espagnol, également, berger se traduit par pasteur.

Donc, il est évident que le berger gouverne le troupeau. Néanmoins, la façon dont le berger domine sur les brebis détermine sa réussite ou son échec, ainsi que LE GENRE DE BERGER QU'IL EST.

---

9 Daniel Muthunayagom Jones. "The Image of God as King and the Nature of His Power in the Old Testament." *Bangalore Theological Forum 41*, no. 2 (2009) : 29–48.

PRIONS AVEC LE PSAUME 23

Prière # 1

Yahweh est mon Berger ;

Il pourvoira à mes besoins.

Yahweh est mon Berger ;

Et je ne m'inquiéterai de rien.

NOTES

CHAPITRE II — LA POSITION DU BERGER

J'ai conclu le chapitre précédent avec l'idée que le berger est en fait le *gouverneur* des brebis. La métaphore du berger dans le Psaume 23 dénote beaucoup plus que le simple fait que YHWH domine sur Sa création. Cette allégorie implique de préférence une figure de l'autorité qui est également capable de pourvoir des soins intimes et tendres.

Vu de l'extérieur, David reconnaît YHWH comme son Berger, pour signifier et déduire que Dieu est Celui qui prend soin de lui, étant Celui qui possède tous les moyens de répondre à ses besoins de manière pleine et satisfaisante.

Et comme l'a souligné Dr. Martin Klingbeil, l'image du Berger est celle « qui traverse toute la Bible comme une admirable image du Dieu Soucieux et Pourvoyeur ; ceci avec les nuances et résonances messianiques ».[10]

Jésus confirme bien ce point de vue dans Jean 10 :11, lorsqu'Il déclare : « Je suis le Bon Berger, et le Bon Berger donne Sa vie pour ses Brebis ». Quant au mercenaire, il abandonne

---

10 Martin Klingbeil G., "Psalm 23." *Seventh-day Adventist International Bible Commentary* [in printing].

la bergerie ainsi livrée à elle-même. Il en est tout différemment du Bon Berger Qui, Lui, livre Sa propre vie pour les brebis.

C'est avec une telle compréhension, nette et claire, du genre de Berger qu'est YHWH que David exprime sa totale et entière confiance en l'Éternel son Berger, Celui sur Qui il peut compter et se confier même dans les circonstances les plus pénibles de la vie.

En proclamant YHWH pour son Berger, David commence à exprimer sa richesse et son espérance en Dieu, quand il dit :

« Je ne manquerai de rien » (v. 1b).

Le mot traduit en français par **« manquer »** dans le Psaumes 23, c'est le mot Hébreu : אֶחְסָר (echsar), qui signifie *faillir*, *faire défaut*, être en déficit, *diminuer*, être privé de, ou encore être dépossédé. Ainsi, une traduction littérale et plus proche de l'original suggérerait « *Je n'ai aucun manque* » ; ou encore « *Je ne suis en manque de rien* ».

Et comme l'indique David Clines, « le plein focus des 5 premiers versets du Psaume se porte sur l'expérience de l'orateur exprimée au présent ».[11] Néanmoins, le verbe est originellement utilisé à l'imparfait. Donc, la possibilité de sa traduction au futur n'est pas moins justifiable.

Le verbe, tel qu'utilisé dans le texte, suggère que David est en train d'expérimenter avec gratitude un sens actuel de satisfaction en rétrospective de ses relations avec YHWH ; ce qui lui donne la confiance d'assumer avec Lui la garantie d'un avenir certain.

---

11 David Clines J. A., "The Lord Is My Shepherd in East and South East Asia." *Sino-Christian Studies* (June 2006) : 37–54.

Et comme David se délecte d'une vie de gratitude, l'usage de la forme du présent de l'indicatif n'est plus question d'une consternation qui se vit en contemplation de ses conditions de vie passées. C'est donc une affaire de conviction !

Vu que YHWH a, Lui-même, prouvé sa fidélité dans le passé, Il est donc devenu digne de confiance pour le futur. L'énoncé « Je ne manquerai de rien » devient alors un concept *spongieux* qui absorbe et traverse le passé, le présent et le futur, avec l'assurance que tout arrivera comme prévu, et qu'on n'a à s'inquiéter de rien puisque YHWH restera toujours fidèle.

Mon Expérience Personnelle avec Yahweh.

En 2010, je me lançais dans une aventure qui allait changer ma vie pour toujours. En tant que fondateur et PDG d'une agence chrétienne de promotion appelée *Leap of Faith Entertainment (LFE)*, j'ai planifié d'organiser dans ma communauté le plus grand concert évangélique de l'année. Tout était fin prêt : la planification, l'organisation, et la date. L'événement devait avoir lieu le 10 octobre 2010, et de là, nous avons adopté le slogan « 10.10.10 ».

Nous avions planifié de réunir la Crème de la crème des artistes locaux, et une chorale africaine composée d'une centaine de voix devrait arriver de l'extérieur. Nul besoin de vous dire combien les dépenses étaient exorbitantes. Étant donné que LFE était à ses débuts, il y eut très peu de gens et d'institutions à vouloir s'engager à nous aider à couvrir les coûts. Nous nous sommes tout bonnement appuyés en majeure partie sur les églises locales pour financer ce méga-concert. Malheureusement, deux semaines avant la tenue du programme, la plupart des églises sur lesquelles nous avons compté ont décliné et nous ont retourné leurs blocs de tickets tels que reçus.

Aucun billet vendu !

J'ai alors sombré ipso facto dans le désespoir. J'étais si déprimé qu'en me levant du lit un jour, j'y suis retombé à la renverse. Je me suis mis à regarder au plafond comme anéanti, avant de m'adresser à YHWH : « Seigneur *!*», ai-je imploré. « *Si Tu permets au concert de réussir, je ne douterai plus jamais de Toi sur quoique ce soit dans ma vie* ». J'ai immédiatement recouvré ma force et repris mes activités.

C'est avec beaucoup de reconnaissance et exaltation que je vous témoigne que l'événement « 10. 10. 10 » a été l'un des plus grands accomplissements de ma vie. Me basant sur cette expérience, je doute de mes doutes, à chaque fois qu'il me vient de douter de ma foi en Dieu, pour ainsi garder ma confiance en ce que je crois.

À l'instar de David, et fort de ma propre expérience avec YHWH, je peux aujourd'hui encore déclarer au sein même de mes épreuves, que « Je ne manquerai de rien » ! Et je me confie en mon Berger pour l'avenir, par le fait qu'Il s'en est prouvé digne dans le passé.

Il nous est donc bénéfique de comprendre que David ne se réfère pas uniquement aux richesses matérielles en disant « Je ne manquerai de rien », ou encore « Je n'ai aucun manque ».

À l'opposé, je crois que David a voulu indiquer que bon nombre des bénédictions accordées à ceux qui sont conduits par YHWH, en tant que leur Berger, ne sont pas nécessairement tangibles. Elles transcendent en effet le domaine du tangible, et sont manifestées et expérimentées exclusivement à travers la présence du Seigneur. C'est dire que « ce Berger satisfait à la fois les besoins physiques et spirituelles des brebis ».[12]

---

12 Dianne Bergant, *Psalms 1-72*, vol. 22. *New Collegeville Bible Commentary, Old Testament*, (Collegeville, Minnesota : Liturgical Press, [2013]), 21.

En tant que jeune Israélite qui est passé par le rituel du Bar Mitzvah, David a certainement été bien instruit dans les chroniques de ses ancêtres à propos des soins que YHWH leur a prodigués pendant les quarante ans du désert, durant lesquels « ils n'ont manqué de rien » (Deut. 2 :7). Je m'imagine que David a tout aussi appris comment ces ancêtres ont attendu pour entrer dans la Terre Promise, où « ils ne manqueraient de rien », suivant ce que Dieu leur a prédit (Deut. 8 :9).

Il semble que, dès son jeune âge, David a très clairement saisi l'implication de la fonction de berger comme pourvoyeur. Car, à son époque, il était évident pour tous que le roi avec son sceptre, comme emblème de la royauté, assumait du coup la responsabilité de protéger le peuple et d'en prendre soin. C'est en toute connaissance de cause que David a pu déclarer qu'il n'aurait besoin de quoique ce soit, avec l'Éternel pour son Berger.

Il est donc impératif de réaliser que le fait d'acclamer YHWH pour son Berger personnel n'est pas une affaire réservée exclusivement à David. Une relation berger-brebis est dès lors à la portée de QUICONQUE désire poursuivre une connexion avec l'Éternel.

Peu importe votre nationalité, votre appartenance ethnique, votre statut social, vos convictions religieuses ou que vous en soyez privés, vous êtes bien éligibles pour une relation d'alliance avec Dieu.

Comme il est dit en Galates 3 :26-29 :

> Car vous êtes tous fils de Dieu par la foi en Jésus Christ ;
> Vous tous, qui avez été baptisés en Christ, vous avez revêtu Christ.
> Il n'y a plus ni Juif ni Grec, il n'y a plus ni esclave ni libre,
> Il n'y a plus ni homme ni femme ; car tous vous êtes un en Jésus Christ.
> Et si vous êtes à Christ, vous êtes donc la postérité d'Abraham,
> Héritiers selon la promesse.

De plus, Jésus, le bon Berger, a fait la promesse que voici en Jean 6 :37 :

« Tous ceux que le Père me donne viendront à moi, et que je ne mettrai pas dehors celui qui vient à moi ».

Alors, tous ceux qui se confient en YHWH peuvent, comme David et en toute assurance, déclarer que l'Éternel est leur Berger.

PRIONS AVEC LE PSAUME 23

Prière # 2

Yahweh est mon Berger ;

Mon fardeau est enlevé.

Yahweh est mon Berger ;

Mon esprit est soulagé.

NOTES

Il me fait reposer dans de verts pâturages ; Il me dirige près des eaux paisibles.

16

CHAPITRE III — LE LEADERSHIP DU BERGER

n tant que poète, David utilise un langage esthétique et imagé pour indiquer les endroits stratégiques, ainsi que des accessoires linguistiques pour évoquer les perceptions théologiques fondamentales du leadership de berger.

« Il me fait reposer dans de verts pâturages ;

Il me dirige près des eaux paisibles » (v. 2).

David met ici l'emphase sur la grâce et les directives de Dieu comme ultime fondement à partir duquel on peut jouir de Sa bienveillance. YHWH dirige le troupeau dans de verts pâturages. Ses brebis y broutent de l'herbe et s'y reposent, tandis qu'elles ruminent et étanchent leur soif dans des eaux saines.

Dans un sens plus approfondit, les verts pâturages indiquent l'approvisionnement et la prospérité, tandis que les eaux paisibles impliquent un état calme. Comme Dieu pourvoit à tous nos besoins, il assure également notre tranquillité d'esprit. Nous n'avons plus besoin de nous inquiéter des soucis de cette vie, car Jéhovah Jireh comble nos désirs et, ce faisant, élimine nos soucis.

La direction que donne le Seigneur va au-delà de la providence. Ce Berger amène les brebis à la moralité et à la dignité, tandis qu'Il leur pourvoit ce qu'il y a de meilleur. Les brebis ont ainsi toutes les bonnes raisons de se soumettre à Son leadership. Car, tandis que les bergers humains égarent leurs brebis, le Divin et Bienveillant Berger conduit Son troupeau à des horizons d'abondance d'où il trouve subsistance, repos et quiétude d'esprit.

Oh ! qu'il est bon d'avoir YHWH pour berger ! Comme c'est excellent d'avoir ce gentil Dirigeant qui est si attentionné de nous ! N'est-Il pas digne d'être loué ? N'est-Il pas digne d'être adoré et exalté ?

Non seulement Il se soucie de nos états physique et spirituel, il se soucie également de nos états mental et moral. Notre dignité Lui importe ; notre tranquillité d'esprit est d'un intérêt supérieur pour Lui. Est-ce la raison pour laquelle, Il tracera des chemins là où il semble qu'il n'y ait aucun moyen, pour tous ceux qui choisissent d'être sous Ses soins.

Alléluia ! A Lui soit tout l'honneur et toute la gloire !

« Il restaure mon âme » (v. 3a).

Le mot Hébreu pour le verbe français restaurer est שׁוּב (shoov), qui signifie ramener à une condition idéale.

Certains théologiens fixent la date de rédaction du Psaume 23 sur toute la durée de la persécution de David par le roi Saül. Pris dans ce contexte, cette période devrait être un moment de grandes détresses pour David. Et cette poursuite infâme de Saül a certainement troublé l'âme de David, et l'a rendu épuisé et affaissé.

Et comme YHWH l'a ramené dans des endroits où il pouvait s'alimenter, se désaltérer et se reposer, sa force a été renouvelée. Il a été revigoré pour aller de l'avant.

Dans un tel contexte, on pourrait déduire que le leadership de Dieu s'avère un leadership salvifique, dans le sens qu'Il restaure la vie de ses brebis en une bien meilleure vie qu'elle n'a jamais connue auparavant. C'est ainsi que David reconnaît que YHWH a été Celui qui a restauré sa vie à un état idéal lorsque son âme était en péril.

Les Événements de nos Jours

Les vicissitudes de la vie et la précarité de notre temps amènent évidemment les gens du monde actuel au découragement et au désespoir.

Qui peut oublier la grande détresse à laquelle le monde a dû faire face en 2020, et qui continue de faire couler l'encre jusqu'en 2021 ?

Qui ne s'est pas senti perplexe et déconcerté à la vue de cette situation d'imbroglio généralisée, et alimentée, n'en déplaise aux sensibilités politiques des uns et des autres, par des émeutes et turbulences politiques survenues au *Pays de la Liberté* (Etats-Unis) et ailleurs ?

Qui n'a pas recouru à la miséricorde de Dieu après avoir visualisé les vidéos des catastrophes mondiales tournées sur les réseaux sociaux ?

Lequel d'entre nous ne s'est pas alarmé face aux rapports des taux de mortalité et de létalité du fléau de la pandémie COVID-19 qui, semble-t-il, est venu éradiquer la normalité de la vie ?

Il y eut tellement de restrictions : fermeture de bâtiments d'églises, de restaurants, et d'espaces de loisirs. On a enregistré tellement de pertes : des cas de décès sans précédent ; des familles entières disparues ; les entreprises et affaires de plusieurs ont sombré dans la faillite ; d'autres ont dû probablement faire face à la perte de leurs maisons ; d'autres enfin ne comptent que des orphelins, des veufs et des veuves.

Et comme si tout cela ne suffisait pas, des scientifiques prédisent que le pire est à venir. Pourtant, chacun de ces événements susmentionnés suffit à lui seul à créer la panique chez n'importe qui. Et le pire dans tout cela, c'est qu'il y a des gens qui ont été affectés par plusieurs de ces tragédies.

Peut-être que vous et vos connaissances avez personnellement été affectés de plusieurs manières. Vous vous sentez certainement brisés et irréparablement mis en pièces. Il vous serait bénéfique qu'en dépit de la souffrance que vous endurez, de vous rappeler qu'il y a encore un espoir de restauration pour vous aujourd'hui ; i.e. à tous ceux et toutes celles qui ont YHWH pour leur Berger.

YHWH est-il votre Berger ? Avez-vous besoin d'être restaurés (ées) ? Vous confier en Lui est bien la façon appropriée d'entamer votre complète restauration.

Et pourquoi ne pas le faire maintenant ?

NOTES

Lorsque c'est
YHWH qui dirige en
tant que Berger, les sentiers
de la justice mèneront toujours à
la destination escomptée, même
s'ils paraissent ne pas convenir
aux yeux des brebis.

24

CHAPITRE IV — LE CARACTÈRE ET LA PERSONNALITÉ DU BERGER

« Il me dirige dans les sentiers de la justice » (v. 3b).

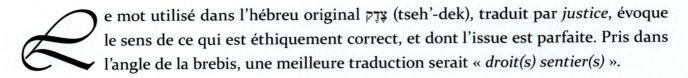e mot utilisé dans l'hébreu original צֶדֶק (tseh'-dek), traduit par *justice*, évoque le sens de ce qui est éthiquement correct, et dont l'issue est parfaite. Pris dans l'angle de la brebis, une meilleure traduction serait « *droit(s) sentier(s)* ».

Pour Clines, *les droits sentiers,* « ne peuvent être que des voies qui paraissent droites et meilleures pour les brebis aux yeux du berger. Et cela doit signifier : des chemins qui mènent là où il y a de la nourriture et du breuvage, même si les brebis doivent traverser des vallées ténébreuses (v.4) ».[13]

Ici, la personnalité du berger est bien en jeu, puisqu'un berger qui conduit sa bergerie où il y a de la nourriture, de l'eau et du repos, est un bon berger.

---

13 David Clines J. A., « The Lord Is My Shepherd in East and South East Asia ». *Sino-Christian Studies* (Juin 2006) : 37–54.

C'est en ce sens que YHWH dirige son peuple dans le sentier de la justice, parce qu'Il est Lui-même juste et droit. Ses œuvres de justice ne dérivent pas de Sa position, mais de Sa nature de justice.

Lorsque c'est YHWH qui dirige en tant que Berger, les *sentiers de la justice* mèneront toujours à la destination escomptée, même s'ils paraissent à ne pas convenir aux yeux des brebis.

Les voies de Dieu sont fiables à cause de Son parfait caractère. Il ne peut y avoir aucune retombée malheureuse pour le bien-être du troupeau qui, pour cause, découle d'une source pure et honorable.

« A cause de Son nom » (v. 3c).

Les brebis sont loin d'être les animaux les plus intelligents qui existent. Souvent, ils choisissent d'emprunter les mauvais chemins, malgré les directives du berger. Et celui-ci est obligé d'aller après les brebis égarées pour les ramener dans l'enclos. Les actions du berger ne dépendent nullement des mérites des brebis.

Dieu se préoccupe des
brebis qui restent dans
la bergerie et de celles-
là qui s'égarent et sont
perdues.

Les brebis noires sont des brebis qui ont l'air étrange par rapport à la couleur noire de leur toison et qui sont fort souvent marginalisés.

David Adamo l'a justement expliqué en ces termes : « Yahweh décide de protéger Son peuple « à cause de Son nom » qui est lié à Sa puissance, et parce que Sa puissance, Sa nature ou Son saint caractère parlent tous de ce qu'est Yahweh ».[14]

Tout cela explique pourquoi « Il fait lever Son soleil sur les méchants et sur les bons, et il fait pleuvoir sur les justes et sur les injustes » (Mt 5 :45).

Et ceux-là mêmes qui ne reconnaissent pas YHWH comme leur Berger sont néanmoins bénis par Lui.

Celui ou celle qui maudit YHWH, alors même que les blasphèmes sortent de sa bouche, est en train de respirer l'oxygène que YHWH Lui-même a créé.

YHWH ne se fatigue pas d'aimer ceux et celles qui le rejettent. Quant à ses brebis, Son amour pour ELLES ne varie jamais. Il a pitié de TOUT le troupeau. Ceci, non parce qu'il tient à protéger Sa réputation, comme certains peuvent le supposer, mais plutôt parce que cela convient à son propre caractère.

Dieu se préoccupe des brebis qui restent dans la bergerie et de celles-là qui s'égarent et sont perdues. De manière impartiale, Il protège son troupeau des prédateurs et des dangers de toutes sortes.[15]

En ce sens, le prophète Esaïe a fait cette déclaration à propos de nous tous—les brebis qui s'égarent : « Nous étions tous errants », dit le prophète, « comme des brebis, chacun suivait sa propre voie ; et l'Éternel a fait retomber sur lui l'iniquité de nous tous » (Esa. 53 :6).

---

14 David Adamo T., « Reading Psalm 23 in African Context ». *Verbum et Ecclesia* 39, no. 1 (January 2018) : 1–8.

15 Dianne Bergant, *Psalms 1-72*, vol. 22. *New Collegeville Bible Commentary, Old Testament,* (Collegeville, Minnesota : Liturgical Press, [2013]), 21.

Tel est YHWH ! Et c'est bien le genre de Dieu que nous servons.

Vous sentez-vous comme une brebis perdue ? Dieu se fait du souci pour vous.

La déclaration d'Ésaïe, « nous étions tous errants comme des brebis », veut insinuer pour de bon, que *nous sommes tous comme des brebis*. Que l'on soit pour ou contre, cela ne diminue en rien la véracité de cet argument. Le fait que nous ne nous sommes pas créés nous-mêmes, cela fait de nous des êtres qui vivent « comme des brebis », en réel besoin d'être dirigés, d'être pris en charge et d'être protégés. Bref ! Nous faisons face aux mêmes besoins que les moutons.

Nous appartenons, chacun pour sa part, à l'une ou l'autre de ces trois classes de brebis : *Brebis Perdues, Brebis Noires, ou Brebis Sécurisés*.

Les Brebis Perdues. Cette catégorie regroupe les brebis qui, pour une raison ou une autre, s'éloignent et pérégrinent loin de l'enclos sans pouvoir repérer la route du retour. Que cela arrive de son propre gré, ou sous l'influence des autres, ou même par ignorance, il ne demeure pas moins que la brebis qui s'égare a besoin d'être ramenée et restaurée.

Les Brebis Noires. Il s'agit des brebis qui ont l'air étrange par rapport à la couleur noire de leur toison. Il devient dès lors impossible de les teindre avec les autres, vu que les autres portent généralement une toison de couleur blanche. Conséquemment à ce fait, ces moutons sont marginalisés. Et de là, provient le terme *brebis noires* ou *moutons noirs (black sheep)*.

Aussi, la brebis noire paraît-elle de peu de valeur et donc, moins favorablement considérée et aimée. Avec un tel déficit d'estime, ce mouton devient plus vulnérable et plus ciblé (voire attaqué) que n'importe quel autre du groupe. Cette brebis a toutefois besoin, elle aussi, d'être défendue.

Enfin, il y a **les Brebis Sécurisés.** Ce sont celles qui suivent les directives du berger, exécutant tout ce qu'il leur est requis pour leur bien-être. Cette catégorie a aussi besoin d'être maintenue sous la direction constante du berger, et ainsi entretenue par sa protection et ses provisions afin de maintenir un tel style de vie.

La brebis perdue a besoin d'être sauvée ; la brebis noire, d'être défendue ; et la brebis sécurisée, d'être gardée.

Alors, avez-vous saisi le sens de l'argument ? N'est-ce pas nous tous qui sommes comme des brebis ? Ne sommes-nous pas tous en nécessité d'être restaurés, défendus et maintenus par YHWH ?

Grâces soient rendues à Dieu pour Sa façon de traiter avec impartialité chacun d'entre nous !

De plus, Il est capable de pourvoir en tous points à tous nos besoins.

Il en a la force, le pouvoir et toutes les ressources à sa disposition pour changer, sans équivoque, le cours des événements afin d'accomplir tous Son dessein et Ses désirs bienveillants en notre faveur. C'est un Dieu qui se soucie de tout ce qui nous concerne, peu importe que nous soyons des brebis perdues, noires, ou sécurisées.

A Lui seul soit la gloire !!!

PRIONS AVEC LE PSALM 23

Prière #3

Yahweh est mon Berger ;
Mon Espoir et ma Demeure.
Yahweh est mon Berger ;
Lui seul est mon Conducteur.

NOTES

La simple présence du berger suffit à tenir ces ennemis féroces loin des brebis.

34

CHAPITRE V— LA PRÉSENCE DU BERGER

Les moutons sont doux, inoffensifs, dociles, et même hébétés. À maintes reprises, des animaux féroces, comme les loups, cherchent à profiter de leur vulnérabilité.

La présence du berger est très significative pour le troupeau. Car, la simple présence du berger suffit à tenir ces ennemis féroces loin des brebis.

Le berger communique aux brebis pendant qu'il les conduit sur leur voie. Elles connaissent ainsi la voix du berger, aussi bien qu'il connaît la leur. Dès que les moutons entendent la voix du berger, ils savent quel chemin emprunter. Et le prédateur finit par comprendre que ce n'est du tout pas le moment idéal d'attaquer.

La seule présence du berger constitue toute la garantie du troupeau.

La clairvoyance du berger lui permet de discerner quand est-ce que les moutons ont faim, sont fatigués, et souffrent. Cela apporte du réconfort à ces derniers. Ils ressentent la nette différence entre la présence et l'absence de leur berger.

Il en est de même pour nous qui sommes guidés et conduits par YHWH. Sa présence est notre garantie ; elle nous réconforte grandement.

« Quand je marche dans la vallée de l'ombre de la mort » (v. 4a).

Certains experts pensent que la vallée de l'ombre de la mort a bel et bien existé. Pour Gerald Wilson, qu'elle existait ou pas, « il y a des preuves dans la langue hébraïque pour l'utilisation de telles hyperboles fabriquées juste pour exprimer le superlatif, et donc pour exprimer les cas les plus extrêmes ».[16]

Parce qu'une vallée est un endroit plat et très profond, les ombres y produisent des ténèbres. La mort est à ce titre dépeinte comme l'endroit ultime des ténèbres. David évoque ce symbolisme poétique pour indiquer le sommet de toute condition de terreur et d'angoisse.

En peu de mots, n'importe quelle situation qui peut aboutir à la mort sans l'intervention du berger, peut être considérée comme une « vallée de l'ombre de la mort », puisque dans une telle circonstance la mort imminente se fait sentir et avance dans l'ombre.

Cette horrible condition, décrite comme « l'ombre, de la mort », peut être aussi créée par un blocage à la présence du berger. Les ombres évoquent alors tous ces espaces formés par l'obstruction d'un objet au cheminement de la lumière. En effet, les ténèbres prévalent chaque fois que la présence du berger, représentant la lumière, est obstruée par un quelconque objet.

---

16 Gerald Wilson H., *The NIV Application Commentary, Psalm* vol. 1, (Grand Rapids, MI : Zondervan, [2002]), 434.

Jamais, n'a-t-il emmené ses moutons où il n'est passé auparavant. Il les précède toujours afin d'explorer scrupuleusement le lieu de leur destination.

Dans le cas de YHWH et de ceux qu'il conduit, le Berger n'a guère besoin d'être vu pour que les brebis sentent Sa présence. Il est tout aussi vrai que Sa présence peut se manifester sans pouvoir être ressentie par les brebis, si ces dernières sont immergées dans le péché. Dès lors, le péché est vu comme une source de déception, de division, et de désolation ; et l'on peut le considérer comme la cause ultime de l'immersion des brebis dans l'*ombre de la mort,* pour s'être éloignées de la présence du Berger en tant que source de leur subsistance.

David, utilisant ce langage symbolique, insiste sur le fait que sa confiance repose sur son assurance que le Seigneur demeure à ses côtés. Et ce qui est essentiel pour lui, c'est que sa confiance en Dieu ne vacillera jamais, quelque affreuse ou sombre que puisse paraître la situation, parce que cette confiance est basée sur son expérience passée avec YHWH, son Berger, qui ne le conduira nulle part où Il n'est Lui-même passé auparavant.

Cette notion retentit tout bonnement du Psaume 139 : 7-10 :

> Où irais-je loin de Ton Esprit,
> Et où fuirais-je loin de Ta face ?
> Si je monte aux cieux, Tu y es ;
> Si je me couche au séjour des morts, T'y voilà.
> Si je prends les ailes de l'aurore,
> Et que j'aille habiter à l'extrémité de la mer,
> Là aussi Ta main me conduira, et Ta droite me saisira.

David, en tant que berger, a acquis une connaissance de première main des difficultés et des dangers de la campagne surélevée et escarpée, aussi bien que des délices des randonnées qu'il a eues. « Jamais, n'a-t-il emmené ses moutons où il n'est passé auparavant. Il les précède toujours afin d'explorer scrupuleusement le lieu de leur destination ».[17] Avec une telle connaissance de berger, le psalmiste édifie sa confiance dans le Seigneur en tant que son Berger à lui. Par conséquent, il se sent en sécurité même en traversant la vallée de l'ombre de la mort.

La Présence du Berger Inspire Confiance aux Brebis

« Je ne crains aucun mal » (v. 4b).

Les deux mots *Crainte* אֲרֵי (yare) et *Mal* רָע (ra) méritent qu'on leur accorde notre attention avant d'aller plus loin.

La *crainte* ou la *peur* אֲרֵי, dans ses différentes formes d'utilisation, apparaît 331 fois dans l'AT. Ce mot a le sens d'émotion indésirable, et fort souvent, d'une forte émotion causée par la conscience du danger ou l'anticipation d'un danger. Autrement dit, la crainte est souvent nourrie par un événement passé, ou encore par la peur de l'inconnu. La *peur* peut donc être définie comme *un manque de confiance ou de quiétude par rapport à ce qui peut advenir dans l'avenir* au regard des expériences passées ; et la quiétude de l'avenir comme *l'espoir* ; et l'espoir est *l'antidote* de la peur ou de la crainte, spécialement l'espoir en YHWH, étant ce qu'Il est : l'Omniscient qui connaît la fin dès le commencement, et le futur dès le passé !

Dans la guerre comme dans les duels, on a l'habitude d'utiliser fréquemment l'intimidation comme une tactique pour dérouter l'ennemi, sachant que la peur peut créer autour de celui-ci une sinistre atmosphère d'anxiété, de dépression, de découragement et de stagnation, qui conduit automatiquement et irréversiblement au défaitisme et donc à la défaite. Voilà pourquoi YHWH met constamment Son peuple en garde d'avoir peur.

---

17 Phillip Keller W., *A Shepherd's Look At Psalm 23*, (Grand Rapids, MI : Zondervan Publishing House, 1970-71), 83.

Quant au mot Mal רָע, on l'assimile à la détresse, à la misère, à la calamité, à la douleur, ou à n'importe quoi qui causerait des situations indésirables. Le mal et la peur marchent main dans la main. Ainsi, le mal peut-il être une arme efficace pour infliger la peur aux gens. Cependant, déclare David, « Je ne crains aucun mal ». Cela démontre la pleine confiance et la parfaite dépendance de David en YHWH. Seule une étroite relation avec Dieu peut aboutir à une telle confiance en face du mal !

We Will Fear
No Evil!

Cela nous rappelle l'histoire du Roi Josaphat qui, devant la menace de la conspiration des nations voisines, a exprimé une confiance similaire en YHWH. Sa prière en est une preuve probante : « O ! Notre Dieu (...), nous ne savons que faire mais nos yeux sont sur Toi » (2 Chr. 20 :12). L'expression « nos yeux sont sur Toi » signifie vraiment « *notre espoir est en Toi* ». Voilà le genre de confiance en Dieu qui évince et terrasse la peur !

La Présence du Berger est pour les Brebis Protection et Quiétude d'Esprit

« Car Tu es avec moi » (v. 4c).

La présence du berger représente une protection pour les brebis. Une fois de plus, David est en train d'exprimer la bénédiction du Seigneur qui découle de Sa présence manifestée et décrite comme instrument de protection.

Sa conviction naît du fait de l'existence de l'alliance entre YHWH et Israël. Et, comme Michael Goulder le signale, cette conviction de David appuie également sur « la promesse de Dieu d'être avec eux en tant qu'expression standard de l'alliance, en association avec la responsabilité du bénéficiaire de la protection de YHWH de bannir la crainte ».[18]

Il est clair dans les Écritures que la présence de Dieu était la raison pour laquelle les Israélites ne devaient craindre quoique ce soit. À Jacob, YHWH déclare : « Voici, Je suis avec toi, je te garderai partout où tu iras » (Gen. 28 :15a).

Aux enfants d'Israël, L'Éternel rappela que, « pendant quarante années, l'Éternel votre Dieu a été avec vous ; et vous n'avez manqué de rien » (Deut. 2 :7c) ; encore plus loin, Moïse les exhorta : « Tu ne les craindras point; car l'Éternel, ton Dieu, qui t'a fait monter du pays

---

18 Michael Goulder, "David and Yahweh in Psalms 23 and 24." *Journal for the Study of the Old Testament 30*, no. 4 (June 2006): 463–73.

d'Égypte, est avec toi » (Deut. 20 :1cd). En outre, le prophète Esaïe les avait martelés : « Ne crains rien, car je suis avec toi » (Esa. 41 :10).

Donc, sans cesse, Israël a été enseigné et exhorté à comprendre que sa protection dépend de la présence de Dieu. David lui-même croyait que sa propre délivrance dans le danger reposait uniquement sur la présence de YHWH.

L' un de mes amis, un Malawite, venant de l'Afrique de l'Est, un contemporain de ma femme, explique comment il avait très peur de l'obscurité quand il grandissait. La sensation sombre et lugubre de l'obscurité de la nuit le terrifiait. Cependant, une fois que quelqu'un d'autre lui tient la main, il se sent en sécurité bien qu'il ne puisse pas le voir physiquement.

Ce scénario explique, en outre, que ce que mon ami craint plus que la noirceur de la nuit, c'est d'être **seul** dans la noirceur de la nuit. Parce qu'une fois qu'il éprouve la présence de quelqu'un d'autre avec lui, la peur qu'il était en train d'expérimenter, tout-à-coup, s'envole.

En voulant assurer les croyants d'aujourd'hui qu'Il est toujours avec eux, Dieu le Père a nommé Son Fils unique « Emmanuel », qui signifie « Dieu avec nous » (Esa. 7:14; Mt. 1 :23). Cette conviction de la présence de Dieu dans la vie du croyant pousse l'Apôtre Paul à poser la question suivante en Romains 8:31: « Si Dieu est pour nous, qui sera contre nous ? » (εἰ ὁ Θεὸς ὑπὲρ ἡμῶν τίς καθ᾽ ἡμῶν). La proposition grecque ὑπὲρ (hoo.per) signifie *par-dessus, pour, au-delà de, au service de, pour la gloire de, concernant*. La meilleure traduction de cette proposition est généralement *pour le mieux, à l'avantage de*. Elle peut avoir aussi le sens de *s'intéresser à*. On peut néanmoins la traduire par *à la place de* ou *au lieu de*.

Essentiellement, cette notion de ***Dieu avec nous*** va au-delà du simple fait qu'Il veille sur nous. Il est avec nous en temps réel et pour le mieux, étant prêt à agir à notre place et en notre faveur en temps de crise.

19 Mars, 2008

J'étais chauffeur de limousine. J'ai principalement conduit localement dans la région métropolitaine des trois comtés du sud de la Floride. Cependant, une fois, j'ai dû transporter un véhicule de l'Indiana vers le sud de la Floride.

Mon patron et moi avons pris l'avion pour l'Indiana, et le même jour, nous avons récupéré les véhicules que nous devions conduire respectivement, vers le sud. Il conduisait une limousine de dix places pendant que je conduisais un SUV Ford Expédition. Il est parti devant et je l'ai suivi. Nous avons dormi tout un petit peu au long de la route, mais pour la majeure partie de la nuit nous avons roulé et continué jusqu'au lendemain.

Au milieu de l'après-midi, alors que je passais une zone proche de l'Université de Floride (UF) à Gainesville, j'ai soudain entendu un grand bruit. Tout ce dont je me souviens, c'est que mon véhicule s'est dérouté et s'est dirigé vers les arbres de la forêt. Étant sous le choc du traumatique, je ne pouvais pas m'arrêter de dire : « Ô ! Dieu. Ô ! Dieu. Ô ! Dieu ». À ce moment-là, je me suis dit : « Ça y est ! J'irai sûrement dans ma tombe ajourd'hui ».

Entre temps, la voiture continuait à se renverser alors que je continuais à implorer le Seigneur. Finalement, le véhicule a heurté un arbre et s'est arrêté.

À mon grand étonnement, je suis sorti du véhicule avec juste une bosse sur la tête après l'avoir cogné contre le plafond de la voiture.

Alors que la voiture était une perte totale, j'étais totalement en sain et sauf. Pourquoi ?

Parce que YHWH, mon Berger, était avec moi. Ses mains puissantes ont saisi les miennes et le Berger protecteur m'a transporté avec succès en lieu sûr.

J'ai découvert plus tard qu'une jeune étudiante, cherchant l'université, a vu qu'elle était sur le point de perdre la sortie, et elle a rapidement changé de voie sans prêter aucune attention à ma voiture à côté de la sienne. Elle a heurté accidentellement l'aile arrière du véhicule et l'aile s'est bloquée sur la roue arrière de l'expédition, ce qui l'a rendue ingérable.

La façon dont l'accident s'est produit aurait dû être ma fin ! J'aurais dû traverser la vallée de l'ombre de la mort, pour ne jamais revenir de ce côté de l'histoire. Mais Dieu avait de meilleurs plans pour ma vie.

Le 19 mars 2008, qui aurait pu être la fin de mon voyage ici sur terre, est devenu un jour commémoratif en mémoire où YHWH a marché avec moi dans la vallée de l'ombre de la mort et m'en a sorti sain et sauf.

C'est dire que, MÊME QUAND ÇA N'EN A PAS L'AIR, YHWH EST AVEC NOUS !

Est-ce la raison pour laquelle, quand même les tempêtes tumultueuses de la vie s'élèveraient pour nous submerger a la manière des loups féroces qui s'abattent sur de vulnérables moutons, à l'instar de David, nous pouvons nous exclamer :

« NOUS NE CRAINDRONS AUCUN MAL » !

Et j'en suis persuadé que la présence du Dieu qui a protégé David a, aujourd'hui encore, la même puissance protectrice.

PRIONS AVEC LE PSAUME 23

Prière #4

Yahweh est mon Berger ;
Il m'accompagnera toujours.
Yahweh est mon Berger ;
C'est un fait, et j'en suis sûr !

NOTES

L'iconographie antique permet de vérifier ce fait; par exemple, dans les emblèmes et les monuments portant les portraits des Pharaons brandissant le fléau et la crosse.

49

SECTION DEUX

CHAPITRE VI— UN CHANGEMENT DE PARADIGME

« Ta houlette et ton bâton me rassurent » (v. 4c).

Le psalmiste utilise deux mots interchangeables *bâton* שֵׁבֶט (shevet) et *houlette* מִשְׁעֶנֶת (mishenet). Et comme on l'a vu au premier chapitre, dans le Proche Orient ancien, les rois étaient à la fois considérés comme bergers, protecteurs et juges du peuple. L'iconographie antique permet de vérifier ce fait ; par exemple, dans les emblèmes et les monuments portant les portraits des Pharaons brandissant le fléau et la crosse (ou houlette).

Par cette illustration, je crois que l'auteur du Psaume est sur le point de faire un enchaînement progressif entre la perspective du *Berger* et celle du *Roi-Hôte*. Ce jeu de mots sert comme un conduit ou un canal de transmission d'une nouvelle mentalité au lecteur, passant des soins pastoraux à une prise en charge royale.

Selon Lévitique 27 :32, le mot hébreu *shevet* est utilisé pour décrire un bâton de berger, tandis que dans Nombres 21 :18 *mishenet* est utilisé pour décrire le sceptre des princes et des rois. Les deux instruments de l'expression *Ton bâton et Ta houlette* (מִשְׁעֶנֶת, שֵׁבֶט), sont respectivement vus comme instruments de confort, de protection et de direction.

C'est dans cette section du Psaume 23 que la corrélation entre berger et roi est la plus clairement communiquée. Elle devient ainsi un argument plausible selon lequel la vocation de roi est de protéger, de guider, et de nourrir le peuple, au prix même de sa propre vie.[19]

Et si l'on revient au berger, on verra qu'il exerce un double rôle. Il fournit au mouton des soins de tendresse et d'amour. Il dirige et gouverne la vie du mouton. C'est un puissant Protecteur, et un Pourvoyeur abondant. Ainsi donc, le Seigneur est simultanément le Berger et le Roi-Hôte.

Le Symbolisme du Festin

Pour s'assurer que le lecteur comprenne le changement de paradigme, David fait la déclaration suivante qu'il utilise comme une sorte d'embrayage :

« Tu dresses une table en face de mes adversaires » (v. 5a).

En disant cela, l'auteur passe à une seconde image de YHWH comme l'Hôte qui l'accueille comme son invité d'honneur à un somptueux festin.

Le code d'hospitalité dans le Proche Orient ancien faisait une stricte obligation aux hôtes d'offrir à leurs invités le meilleur des repas ; et ceci même s'il s'agissait d'un ennemi. Ici, le psalmiste est en train de décrire un festin d'honneur, surpassant de loin un repas public, qui témoigne de la haute estime à laquelle YHWH le tient. [20]

Il est frappant de voir comment a progressé le symbolisme du Festin.

---

19 David Adamo T., "Reading Psalm 23 in African Context." *Verbum et Ecclesia* 39, no. 1 (January 2018) : 1–8.
20 Dianne Bergant, *Psalms 1-72*, vol. 22. *New Collegeville Bible Commentary, Old Testament*, (Collegeville, Minnesota : Liturgical Press, [2013]), 22.

Comme un Berger, le Seigneur dirige les Siens vers de verts pâturages et près des eaux paisibles. Mais, en sa qualité de Roi-Hôte, Dieu dresse une table pour accueillir ses invités.

Comme un Berger, le Seigneur dirige les Siens vers de verts pâturages et près des eaux paisibles. Mais, en sa qualité de Roi-Hôte, Dieu dresse une table pour accueillir ses invités. Ce n'est pas un berger qui dresse une table, mais un roi.

Lors de mes visites en Israël dans les sites archéologiques, l'une des caractéristiques propres aux palais royaux, et qui les distinguent des demeures d'un simple citoyen, c'est que les résidences des rois ont de longs couloirs servant de salle à manger où ils organisaient beaucoup de fêtes. Ils avaient la coutume d'inviter en certaines occasions des gens du peuple à la table de leurs dignitaires, surtout s'ils désirent apaiser la population et étouffer un tumulte ou une sédition.

Un jour avant la fête, le traitement du paysan était bien inférieur à celui du noble ; à la table du roi, cependant, tout le monde est honoré de la même manière. Même si le Duc, préalablement, pouvait montrer un mépris implacable au simple citoyen, au jour du festin ils mangent, tous deux, ensemble à la même table. Les officiels de la Cour Royale, qui pourraient être vus comme des opposants ou de potentiels concurrents, n'ont alors d'autre choix que de se montrer amicaux en présence du roi.

Le Psaume 113 :7-8 fait un écho retentissant à cette idée selon laquelle YHWH dresse une table pour honorer ceux qu'on méprise :

« De la poussière il retire le pauvre,
Du fumier il relève l'indigent,
Pour les faire asseoir avec les grands,
Avec les grands de son peuple ».

Je suis un témoin vivant d'une telle réalité. Peut-être que toi aussi, tu peux attester de la véracité de ce texte, en te basant sur ta propre expérience avec Dieu. Dieu est Bon !

La mention de « mes ennemis » dans le texte indique que la fête offerte par YHWH est plus révélatrice qu'à première vue. Goulder fait observer que « le mot צָרַר [(Tsarar)] pour ennemi, fait référence au contexte militaire (Nb 10 :9 ; Esa. 11 :13), et pourrait tout aussi correspondre aux rois »,[21] ce qui suggère un sens de justification.

Ron Tappy signale que « La raison de l'usage du mot ennemi dans le Psaume 23, est de signifier que ceux qui ridiculisent, incitent, ou aigrissent un seul mouton de YHWH, portent atteinte à Sa Personne et défient Sa Puissance. C'est comme s'ils prétendent que YHWH ne peut pas défendre ses brebis ».[22]

Comme énoncé au Psaume 89 :50-51, le juste souffre l'opprobre des ennemis de YHWH. De tels affronts impliquent habituellement des questions de rhétorique de type « Où est Dieu » ? « Peut-Il aider les brebis » ? ou « Pourra-t-il y parvenir » ?

De la même manière que le Berger pourvoit aux brebis de verts pâturages et des eaux paisibles, le Roi-Hôte dresse une table et remplit une coupe à ses invités d'honneur en termes de subsistance et de refuge. Et cela mérite bien que nous signalons que les deux métaphores de berger et de roi-hôte impliquent des *provisions de nourriture et de breuvage*, lesquels renforcent leur connexion de convives.

---

21 Michael Goulder, "David and Yahweh in Psalms 23 and 24." *Journal for the Study of the Old Testament 30*, no. 4 (June 2006) : 463–73.

22 Ron Tappy E, "Psalm 23 : Symbolism and Structure." *The Catholic Biblical Quarterly 57*, no. 2 (April 1995) : 255–80.

De plus, le repas, dont il est question au Psaume 23, était, dans les temps bibliques, une représentation évidente du sceau d'une relation d'alliance entre invité et hôte, le manger et le boire étant l'événement initiatique qui consacre de telles relations (cf. Exode 24). Jésus a, lui aussi, mentionné un repas fastueux célébrant le retour du Fils Prodigue, pour sceller la relation d'alliance patrimoniale entre père et fils dans la perspective du rachat de la filiation de ce dernier (Luc 15 :22).

Il est possible que David ait voulu démontrer un niveau très profond de relation qui mène à Dieu, en tant qu'Hôte, éventuellement de l'adopter—l'invité, comme un fils—ce lien de parenté qui attribuerait à l'invité une place réservée dans la maison (du père), incluant le droit à des bénéfices sociaux et économiques.

PRIONS AVEC LE PSAUME 23

Prière #5

Yahweh est mon Berger ;
Tout-Puissant dans les combats.
Yahweh est mon Berger ;
Tous mes ennemis, Il vainquera !

NOTES

L'onction a été donnée pour doter le prince de bénédiction divine et, à un certain degré, de statut de prêtre.

58

CHAPITRE VII— LE SYMBOLISME DE L'ONCTION D'HUILE

« Tu oins d'huile ma tête » (v. 5b).

Le symbolisme biblique de l'onction est fréquemment associé aux bénédictions (Ps. 45 :7 ; Ec. 9 :8 ; Am 6 :6 ; Lc 7:46). Quelque part dans les Psaumes des degrés, David juxtapose une fois de plus l'onction de l'huile aux bénédictions de Dieu. Dans le Psaume 133 :1-3, il écrit :

> Voici, oh ! qu'il est agréable,
>
> Qu'il est doux pour des frères de demeurer ensemble !
>
> C'est comme **l'huile précieuse** qui, répandue sur la tête,
>
> Descend sur la barbe, sur la barbe d'Aaron,
>
> Qui descend sur le bord de ses vêtements.
>
> C'est comme la rosée de l'Hermon,
>
> Qui descend sur les montagnes de Sion ;
>
> Car c'est là que l'Éternel envoie la bénédiction,
>
> **La vie, pour l'éternité.**

On peut dès lors comprendre que David a eu une expérience de première main avec l'onction d'huile.

Un retour à la genèse de l'histoire de David nous rappelle lorsqu'à l'insistance du peuple Samuel a oint, à contrecœur, Saül qui avait la taille d'un roi mais pas le cœur d'un roi.

Finalement, Dieu l'a rejeté et a envoyé Samuel à Bethléem à la recherche d'un nouveau roi, sauf cette fois, le roi ne sera pas choisi par les humains mais par Dieu qui « regarde au cœur » (1 Sam. 16 :7).

Les sept fils les plus âgés d'Isaïe défilèrent devant Samuel sans grand impact. On a dû convoquer David, le huitième et le plus jeune fils. C'est alors que l'Éternel a dit à Samuel : « Lève-toi, oins-le, car c'est lui » ! (1 Sam. 16 :12). Samuel obéit et oignit d'huile la tête de David. Et comme l'explique Marti Steussy, « l'Esprit du Seigneur descendit avec puissance sur David depuis lors, pour ne jamais le quitter ».[23]

Selon l'Encyclopédie Électronique de Colombie (*Columbia Electronic Encyclopedia*), l'onction de David est loin d'avoir été une bénédiction ordinaire « parce que l'onction a été donnée pour doter le prince de bénédiction divine et, à un certain degré, de statut de prêtre ».[24]

Ainsi donc, on peut affirmer avec certitude que l'expression « *tu oins d'huile ma tête* » est une déclaration qui découle des maintes bénédictions que Dieu a accordées à David et qu'on a vu se manifester à travers un tas d'événements bibliques bien documentés, comme la victoire de David sur Goliath qui lui a valu une reconnaissance héroïque sur le plan national.

En plus de ces bénédictions, l'onction d'huile peut être associée à la guérison. Les moutons sont bien connus pour leurs manières dociles et stupides qui leur permettent parfois, de

---

23 Marti Steussy J, *David : Biblical Portraits of Power. Studies on Personalities of the Old Testament.* (Columbia, S.C. : University of South Carolina Press, 1999), 41-42.

24 Coronation." *Columbia Electronic Encyclopedia*, 6th ed., (February 2020), 1.

blesser inconsciemment leur tête en traversant les grottes ou contre des chemins étroits. Le berger a dû, par conséquent, oindre la tête des moutons avec de l'huile afin d'apaiser leur peine et de guérir leurs plaies.

Aujourd'hui encore, on oint les malades avec de l'huile. En tant que pasteur, je sais oindre les membres de mes églises qui sont malades, à chaque fois qu'ils le sollicitent pour être guéris. « Quelqu'un parmi vous est-il malade » ? Nous demande l'Apôtre Jacques. « Qu'il appelle les anciens de l'Église, et qu'ils prient pour lui, en l'oignant d'huile au nom du Seigneur » (Jacques 5 :14).

Quand un mouton suit sa propre voie et se blesse, il a besoin alors de restauration en plus de la guérison physique.

Alors, le berger, en plus de diriger et de soigner l'agneau, le guérit.

Et nous devons à ce stade indiquer que la puissance guérissante de YHWH ne peut nullement se dissocier de la septuple notion d'**amour**, de **compassion**, de **grâce**, de **pardon**, de **salut**, d'**espérance**, et de **restauration**. YHWH est le Guérisseur par excellence et Sa guérison es tune guérison totale—Il aime, Il sympathise, Il fait grâce, Il pardonne, Il donne de l'espoir et Il restaure.

Lorsque YHWH guérit, Il libère l'être tout entier. Aucune maladie ne peut s'échapper de Son diagnostic. Son stéthoscope détecte la moindre irrégularité du rythme cardiaque. Jéhovah Rapha a le remède qu'il faut pour tout type de maladie ; qu'elle soit physique, mentale, ou spirituelle.

Daniel O'Kennedy clarifie que « guérir est plus que la restauration physique cliniquement vérifiable ; il inclut une dimension plus profonde de pardon et de restauration dans la communion avec Dieu ».[25] Quand un mouton suit sa propre voie et se blesse, il a besoin alors de restauration en plus de la guérison physique.

De la même manière, quand le croyant se fourvoie et se blesse comme la brebis, et tandis qu'il est sur le point de provoquer sa propre disparition, Dieu lui vient en aide, et sans aucun jugement, oint d'huile ses blessures pour le recouvrement physique tout en lui communiquant Sa compassion pour la guérison spirituelle.

---

25 Daniël Francois O'Kennedy, « God as Healer in the Prophetic Books of the Hebrew Bible ». *Horizons in Biblical Theology* 27, no. 1 (June 2005) : 87–113.

CHAPITRE VIII— L'ABONDANCE DES BÉNÉDICTIONS ROYALES

« Ma coupe déborde » **(v. 5c).**

Par cette déclaration, David exprime son exultation.

Une autre phase de la restauration divine, c'est le débordement de Ses bénédictions sur ceux et celles placés sous sa garde. Non seulement que Dieu a béni David, il a tout aussi déversé sur lui Sa coupe, laquelle représente le surplus et l'abondance du succès de sa vie extraordinaire. Cela fait allusion à la manière dont Dieu accorde Ses bénédictions bien au-delà des attentes et de toute mesure.

La généreuse et bienveillante royauté de YHWH, un thème qui traverse l'Ancien et le Nouveau Testament, est fondée sur Sa possession cosmique de l'univers. En sa qualité de Roi des rois, Il est le Créateur et le Chef de l'univers :

Il possède « Toutes les bêtes des montagnes par milliers » (Ps. 50 :10).

« L'argent est à moi, et l'or est à moi, dit l'Éternel des armées » (Ag. 2 :8).

Il est la raison pour laquelle « Les aires se rempliront de blé, et les cuves regorgeront de moût et d'huile » (Jl 2 :24).

Il est Celui qui donne « la bonne mesure, serrée, secouée et qui déborde » (Lc 6 :38).

En tant que roi, Dieu est capable de faire abondamment et excessivement au-delà de ce que Ses sujets puissent demander, parce qu'Il règne « au-delà de tout ce que nous demandons ou pensons », selon la puissance qui agit en nous (Eph. 3 :20).

Gottfried Voight explique que « le roi au plein sens du terme ne peut être dit que de Dieu seul et le roi terrestre n'est roi que dans la mesure où la dignité de Dieu lui est conférée ».[26] Toute royauté humaine n'est, dans toute sa splendeur, qu'une infirme expression de la royauté de Dieu.

Tandis que les royaumes terrestres dominent par des lois et la compulsion, le royaume de Dieu fonctionne par l'amour et le sacrifice. Ces caractéristiques royales Lui permettent d'élever ceux et celles qui s'humilient volontairement devant Lui, en leur accordant beaucoup plus que ce qu'ils méritent.

En tirant ce portrait royal de YHWH,

David va un peu plus loin dans ce verset, progressant du fait de « ne pas manquer de rien » au fait de « déborder de bénédictions ». Cela revient à dire que, là où la perspective du berger renfermerait des limitations, le symbolisme royal évoque des possibilités infinies de bénédictions. C'est ma ferme conviction que tous vrais croyants peuvent exprimer leur propre exultation en Christ, leur Roi.

---

26 Gottfried Voigt, « The Speaking Christ in His Royal Office ». *Concordia Theological Monthly* 23 (1952) : 161–75.

« Oui ! le bonheur et la grâce m'accompagneront tous les jours de ma vie » (v. 6a).

Le mot *grâce* en hébreu est חֶסֶד (hessed) qui peut être traduit par « miséricorde ».

Le verbe « accompagner (suivre) », dans ce verset, est le mot hébreu רָדַף (radaf) qui signifie *poursuivre* ou *persécuter*. C'est donc un mot assez aigu, et même sévère utilisé ici pour décrire la miséricorde de Dieu ; le même utilisé par Joseph en demandant à ses intendants de *poursuivre* ses frères pour les « ramener » (Gen. 44 :4).

Ce langage suggère une rétrospective du parcours de la vie de David où il se souvient comment la bonté de Dieu l'a accompagné et l'a enveloppé face aux pressions de la persécution de l'ennemi. En effet, au cours de sa vie, David a expérimenté, en de nombreuses fois, la grâce inévitable de Dieu (*hessed* חֶסֶד) à travers toute une série d'événements imprévisibles évoquant l'attribut de la patience de YHWH.

David fut un homme de guerre. Plusieurs ont succombé sous les lames tranchantes de son épée. Ce qui lui a valu la désapprobation de Dieu pour la construction du Temple (1 Chr. 28 :3).

Et par la suite, David a été plus d'une fois en nécessité de recourir à la grâce de Dieu pour sa vie, vu qu'il a commis une multitude de péchés, notamment lors du deuxième événement le plus connu de sa vie, qui est son adultère avec Bathsheba (2 Sam. 11 :1-27).

Mais dans la contrition de son cœur et par ses lamentations, confessant ses gaffes, David cria à l'Éternel : « Aies pitié de moi, Ô Dieu, selon Ta *ke·chas·de·cha* (כְּחַסְדֶּךָ) », ce qui signifie « ta bonté (ta grande miséricorde) » (Ps. 51 :21). David a par conséquent compris très clairement la *poursuite incessante* de la grâce de Dieu en utilisant le verbe **radaf**.

La compassion ou miséricorde de YHWH est l'un de Ses attributs les plus convaincants. Elle refuse de lâcher prise quant à nous pardonner et nous restaurer.

C'est par Sa compassion que Dieu nous attire à Lui. Son perpétuel pardon que, jamais nous ne méritons, nous pousse à nous soumettre volontairement à Lui. Et c'est parce qu'Il est si attentionné et compatissant envers nous que nous tournons notre cœur vers Dieu.

Nous aimons Dieu parce qu'Il nous a aimé le premier. Sa mort honteuse sur la Croix à notre place nous persuade de Son amour et de Sa miséricorde envers nous. Nous sommes tous en effet les bénéficiaires de Son incessante grâce de laquelle découle notre salut.

Babatunde Ogunlana a brillamment déclaré que « la patience de Dieu signifie qu'Il a souffert et suspendu le jugement de nos péchés afin de donner aux pécheurs **du temps pour se repentir**. La Patience produit la Grâce pour ceux et celles qui y répondent convenablement afin d'être sauvés ».[27]

Dieu est un Dieu juste. Il juge tous les hommes avec droiture. **Il est néanmoins aussi compatissant qu'Il est juste.** David se montre alors reconnaissant pour la miséricorde de YHWH, et il est persuadé qu'une telle compassion continuera à lui être étendue en raison de la nature immuable de YHWH comme son Roi

---

27 Babatunde Ogunlana A., « God's Compassion in Jonah as Motivation for Christian Mission ». *BTSK Insight* 15, no. 2 (October 2018) : 172–200.

NOTES

On croyait que le
Temple était inviolable et
Jérusalem inattaquable,
aussi longtemps que le
Temple existait et que le
nom de YHWH
y était invoqué.

69

CHAPITRE IX— EN RECONNAISSANCE AU ROI

« **Et j'habiterai dans la maison de l'Éternel jusqu'à la fin de mes jours** » (v. 6b).

En reconnaissance au Roi-Hôte, David fait le vœu d'habiter dans Sa maison à jamais. David a toujours exprimé de la gratitude pour la maison de l'Éternel. « Je suis dans la joie », David s'est écrié, « quand on me dit : *"Allons à la maison de l'Éternel"* » (Ps. 122 :1).

Et ici au verset 6b du Psaume 23, il ne souhaite pas seulement d'aller dans le Temple pour le service, mais plutôt pour y demeurer à jamais.

Les spécialistes ne font pas l'unanimité sur la signification du verset 6b. Certains arguments revêtent un aspect polémique.

Par exemple, Amado pense que le symbolisme utilisé dans ce verset fait allusion à la culture religieuse de la Mésopotamie. Les adorateurs de cette région ont, en effet, érigé des statues dans le temple de leurs dieux pour signifier ou symboliser la dédicace entière de leurs vies devant ces divinités ; celles-ci, pour leur assurer en retour leurs divines protections, bonté, et paix.[28]

---

28 David Adamo T., "Reading Psalm 23 in African Context." *Verbum et Ecclesia* 39, no. 1 (January 2018), 1–8.

« Habiter dans la maison du Seigneur » ressemble, aussi, à la théologie de l'inviolabilité de Jérusalem aux temps de Jérémie, lorsque le Temple était considéré comme un symbole de sécurité. On croyait que le Temple était inviolable et Jérusalem inattaquable, aussi longtemps que le Temple existait et que le nom de YHWH y était invoqué. C'est ainsi que chaque adorateur désirait habiter dans le Temple. C'est bien possible que le psalmiste ait été bien conscient de cette notion-là.

Tappy, quant à lui, opine différemment lorsqu'il déclare que David n'a nulle part suggéré qu'il aurait dédié sa vie à servir dans le Temple le restant de sa vie comme sacrificateur. Sa déclaration est plutôt, selon lui (Tappy), une référence idiomatique au Temple de YHWH, se basant sur la structure royale de la société d'Israël, et sur le fait qu'à un niveau local, la maison du père (*Bet Ab*) constituait l'unité fondamentale de l'organisation rurale.[29] Habiter dans la maison d'un père paternel impliquait, pour l'Israélite, le partage du patrimoine ou de l'héritage familial, indépendamment que ce titre soit acquis biologiquement, matrimonialement, ou même par une adoption fictive.

Quoique les deux arguments soient plausibles, et en dépit du fait qu'ils sont diamétralement opposés, j'aurais tendance à m'appuyer sur le tout dernier, pour dire que je m'identifie personnellement à l'approche paternaliste de Tappy.

Depuis mon adolescence, j'ai vécu loin de la présence de mon père biologique. Cela est arrivé, non parce qu'il ait été un « bon à rien » ou un mauvais père ou qu'il y ait un quelconque problème au sein de la famille, mais à cause des circonstances malencontreuses de la vie. (Peut-être que j'élaborerais là-dessus une prochaine fois si jamais j'avais à écrire une autobiographie).

---

29 Ron Tappy E., "Psalm 23 : Symbolism and Structure." *The Catholic Biblical Quarterly* 57, no. 2 (April 1995), 255–80.

Le fait que j'ai passé ces années loin de mon père, j'ai fini par avoir, en grandissant, plusieurs profils de père dans ma vie ; lesquels émanent des diverses étapes de ma vie.

Il y a, cependant, un personnage paternel particulier avec lequel je suis proche jusqu'à ce jour. Même s'il ne m'a jamais légalement adopté, nous formons une vraie famille. À chaque fois que je visite sa maison, je suis traité comme un fils, peu importe la durée de mon séjour. Je suis traité comme un membre de la famille. Rien à payer ! Comme il vit, je vis aussi. Ce qu'il mange, c'est ce que je mange. Je demeure où il demeure. *Su casa, mi casa !*

Mon cas ne va pas aussi loin que l'argument soulevé par Tappy faisant de la filiation un droit « au patrimoine ou à l'héritage familial », et Je ne cherche non plus de telles choses. Toutefois, pour autant cela nous concerne, tous les deux, nous sommes père et fils. Même si c'est une filiation fictive, il n'en demeure pas moins que c'est une filiation quand même.

Considérons maintenant brièvement l'expression *jusqu'à la fin (à jamais)*.

Les mots Hébreux traduits ici par יָמִ֖ים לְאֹ֥רֶךְ (**lə·'ō·reḵ et yā·mîm** : en lisant de la droite vers la gauche). Ils signifient « durée de temps » ou « quantité de jours ». Ce qu'il convient le plus de noter ici, c'est que cette durée de temps est indéfinie. Quoique traduit par « à jamais », il pourrait tout aussi signifier « pour le reste de ses jours » et ou « pour l'éternité ». Dans un pareil cas, l'argument de Tappy correspond mieux à l'interprétation du verset 6b, puisque David ne pourrait pas « habiter » dans le Temple jusqu'à l'« éternité ».

Et si l'on revient à mon scénario personnel, on verra que mon *père fictif* est et demeure à jamais pour moi un père. Ce qui signifie un père pour toute la durée de ma vie sur terre. Pris sous un autre angle, cela insinue que je suis à jamais greffé dans cette famille, *au-delà de la durée* de mes jours ici-bas.

Dans ce contexte, il est possible que David soit en train de communiquer sa filiation à YHWH en ce qu'il sera toujours un membre de la famille de Dieu pour être à jamais en Sa présence, dans le même sens que lorsque le peuple de Dieu est en Sa présence quand ils sont en train de L'adorer dans son saint Temple.

Lorsque nous les croyants adorons Dieu à l'église, nous reconnaissons que la présence de Dieu est là avec nous dans l'atmosphère. Nous le savons parce que le Psaume 22 :3 nous dit que YHWH « siège au milieu des louanges » de son peuple. David le savait aussi ; il est l'auteur du Psaume 22. En utilisant l'expression « et j'habiterai dans la maison de l'Eternel », il se pourrait que David voulût faire référence à la présence spirituelle et constante de YHWH pendant le culte collectif dans le temple terrestre qui est un précurseur de la présence physique permanente de YHWH dans le temple céleste.

De plus, nous avons été créés pour adorer Dieu (Is. 43 :7) et la Bible dit clairement que nous sommes « le temple de Dieu » (1 Cor. 3 :16-17). Aussi longtemps que nous nous trouvons dans une relation d'alliance avec Dieu, nous habitons en sa présence – perpétuellement. Là où nous sommes, que ce soit dans le tabernacle terrestre ou céleste, l'Omniprésence de YHWH demeure en nous et avec nous, pour toujours.

« Pour toujours » suggère, en outre, un héritage éternel. Un sens plus profond de cette réalité serait que le Roi-Hôte, après avoir publiquement conclu la relation d'alliance par le festin somptueux en l'honneur de David, confère à celui-ci le droit d'un héritage éternel qu'il peut expérimenter pendant les jours de sa vie et jusque dans les cieux, une fois ressuscité lors de la Seconde Venue du Messie-Roi.

Par conséquent, et compte tenu du passage de la perspective du *Berger* (qui soigne) à la perspective du *Roi-Hôte* (qui invite), on peut voir comment la relation de David avec YHWH a progressé. David a pleinement été accueilli, dans le sens de la structure royale du terme sociologique *bet-ab* (la maison du père), via « l'adoption spirituelle ». Il est devenu si confortable dans cette relation d'alliance qu'il a jugé bon de faire le vœu de ne jamais partir après la réception initiale de bienvenue.

Peu importe si la position d'Amado ou celle de Tappy soit correcte ou non, l'évidence dans le Poème est concluante et démontre que David est plus que satisfait par la tendresse pastorale et le traitement royal de YHWH, et qu'il a décidé de rester dans Sa Présence pour le restant de ses jours, ici-bas et dans la vie à venir.

C'est ici une bonne nouvelle pour le Croyant ou la Croyante qui serait orphelin de père de savoir qu'il ou elle est spirituellement adopté (e) dans la famille royale de YHWH.

Lorsque nous demeurons en présence de YHWH par l'adoration, nous ressentons un sentiment d'appartenance à la communauté des enfants de Dieu, et Sa présence nous entoure complètement comme une haie de protection, nous gardant à l'abri des intrus. En tant qu'enfants de YHWH, notre adoption n'expire pas après 18 ans ou lorsque nous sommes mariés, c'est pour toujours. Ainsi, comme David, nous aussi, nous pouvons habiter dans la maison du Seigneur, pour toujours.

PRIONS AVEC LE PSAUME 23

Prière #6

Yahweh est mon Berger ;

La Gloire de mes hauts-faits.

Yahweh est mon Berger ;

Lui et moi, pour jamais.

NOTES

SECTION TROIS

CHAPITRE X— SOMMAIRE

Le Psaume 23 est le Psaume le plus connu de tout l'AT, à la fois par les chrétiens et les non-chrétiens. On le cite habituellement dans les moments de détresse et comme élément liturgique. Contrairement à la métaphore du Berger, celle du Roi-Hôte est souvent inconsciemment omise dans le Poème. Plusieurs travaux théologiques se concentrent sur la métaphore du Berger tandis qu'ils négligent ou omettent le symbolisme du Roi-Hôte.

La suscription du Psaume montre clairement que David en est l'auteur, lui qui a été aussi berger et roi. David a écrit le Poème dans la perspective qu'il est la brebis et non le berger. Il débute le Psaume avec l'exclamation suivante, « YHWH est mon berger ». Cette déclaration sert de force motrice pour le Psaume tout entier.

David utilise la métaphore du berger dans une époque où la profession de berger jouait un rôle central dans l'Israël antique. Et il était facile pour le lecteur d'imaginer le berger soignant les moutons et dirigeant le peuple. Dans le Proche-Orient ancien, les dieux et les rois étaient également considérés comme des bergers.

Le symbolisme pastoral et coloré du Poème peint le Berger comme un bon berger, qui conduit ses moutons uniquement dans de verts pâturages pour brouter et ruminer. Ils sont aussi amenés vers des eaux tranquilles pour étancher leur soif. C'est dans cet esprit, que David déclare « Je ne manquerai de rien » !, pour dire que YHWH pourvoit à tous ses besoins.

Et comme déjà mentionné, Clines a noté qu'une meilleure traduction serait « Je n'ai aucun manque » ; ce qui marque la situation actuelle de David, même si, Clines admet, que la première version exprimée au futur n'est pas mauvaise en soi (je ne manquerai de rien).

YHWH, le Berger, ne conduit pas ses moutons dans de droits chemins uniquement pour sauvegarder Sa réputation, mais parce qu'Il est juste et droit. Son caractère ne lui permettrait d'agir autrement. Car, même si les brebis s'égarent et se blessent, le Berger les restaure à la condition idéale. Il se soucie de la brebis perdue comme de celles qui ne le sont pas.

Les gens apprennent généralement à partir de leurs expériences. Et dans la perspective de David, ou de ses expériences de mouton, il fait confiance au Berger, fort de la conviction que Celui-ci ne le dirigerait jamais là où il n'a été Lui-même. Ainsi, et en dépit du fait qu'il peut lui arriver de marcher dans des endroits ténébreux, endurant un certain niveau de mal ou de souffrance, David ne craint point de telles situations de désespoir, à cause de la présence de Dieu, Son Berger qui est avec lui.

Au verset 4c, David utilise deux mots interchangeables : « bâton et houlette ». Au verset 5a, il introduit un autre trait de personnalité du Berger, qui assimile celui-ci au Roi-Hôte préparant une table en son honneur en face de ses adversaires. Et ce jeu de mots ouvre sur la possibilité d'une intentionnalité du côté de David, ce qui probablement tend à signaler pour le lecteur un changement de paradigme dans le Psaume.

La mention de la table dressée par le Berger en l'honneur de David, en présence de ses « adversaires », suggère le signe du *jugement et de vengeance des ennemis* de YHWH, le Roi-Hôte, qui pourraient demander aux disciples de YHWH, avec raillerie, « où est votre Dieu » ?

Par conséquent, YHWH élève la tête de David, son invité, avec un festin qui lui sert d'honneur et d'alliance, tout en informant ses ennemis comment le Roi s'apprête à défendre et à protéger Ses sujets à tout prix.

Et en reconnaissance au Roi-Hôte, David fait le vœu de sa loyauté à YHWH avec le serment de ne jamais quitter Sa demeure, mais d'y habiter à jamais.

NOTES

CHAPITRE XI— CONCLUSION

Il n'y a pas deux YHWH dans le Psaume 23, mais plutôt le même Dieu dont la gloire remplit tout le cosmos, et qui est tout aussi capable de se faire si petit pour habiter dans le cœur de chacun de nous, en tant qu'Emmanuel, le Dieu qui est avec nous.

Il est vrai que le rôle ou le titre de « berger » a été utilisé pour décrire le rôle des dirigeants et leur relation avec les personnes dont ils ont eu la charge, le travail d'un berger, cependant, était un travail modeste. Mais il faut admettre que cette profession relève d'un ministère rempli d'intimité dû, en partie, à la longue durée que les bergers passent en compagnie de leurs moutons.

C'est ainsi que Christ est venu sur terre et s'est fait, Lui-même, aussi petit que nous le sommes, afin qu'Il puisse nous sauver en tant que Ses brebis. À travers l'Esprit Saint, Il est capable de passer des éternités avec nous. Pour cette raison, Il a promis de ne jamais nous quitter ni de nous abandonner, mais d'être toujours avec nous, peu importe les circonstances (Matt. 28 :20 ; Jn 14 :18).

Jésus connaît chacun de nos besoins. Nous pouvons faire confiance à Jésus car, avec Lui nous pouvons nous rendre n'importe où en toute sécurité.

Christ est l'humble et doux Berger ; et encore mieux, le Roi Tout-Puissant et Très Élevé. C'est bien dans cette optique que David s'exclame : « Je ne manquerai de rien » !

Ce langage ne sous-tend pas une simple prospérité matérielle, comme la plupart peuvent le déduire, mais plutôt offre la perspective de bienfaits spirituels incommensurables qui ne se trouvent qu'en Jésus-Christ.

David fait la transition de la métaphore du berger au symbolisme du roi de manière intentionnelle. Et tandis que la perspective de berger a l'air inapproprié et limité, celle du roi-hôte offre des possibilités de bénédictions et un pouvoir illimité.

Le Psaume 23 est une bonne nouvelle pour le Croyant ou la Croyante. Celui ou celle qui accepte Jésus-Christ comme son Seigneur et Sauveur peut faire la même déclaration que David.

Jésus s'est Lui-même appelé « Bon Berger », mais Il est aussi, « le Roi des rois » et « le Seigneur des seigneurs ». Ces attributs sont très rassurants dans la mesure où ils offrent un sens de sécurité qui ne peut être trouvé en aucun autre.

La corrélation de ces métaphores employées dans le Poème présente Dieu effectivement en tant qu'Alpha et Omega.

L'auteur démarre avec YHWH — « L'Éternel est mon Berger » (v. 1), et se termine avec YHWH — « et j'habiterai dans la maison de l'Éternel » (v. 6). Tout ceci, pour former une merveilleuse *inclusio* qui peint le Seigneur comme son *Tout-En-Tout*.

La représentation de YHWH évolue de la figure du Berger à celle du Roi. Les prémices de la foi établie dans ce Psaume, au travers du symbolisme du roi, nous persuade que nous aussi nous pouvons faire confiance à la capacité de YHWH d'être notre Roi dans toutes les situations, pour la raison qu'il n'y a aucune limite à son pouvoir dispensateur

À la lumière des événements actuels qui se produisent dans le monde entier, c'est-à-dire la pandémie COVID-19 qui ravage le globe ; les troubles politiques dans de nombreuses régions du monde ; et l'accomplissement des événements des derniers jours tels que prédits dans Matthieu 24 et ailleurs dans la Sainte Bible ; nous sommes encouragés à nous rappeler que le Seigneur est notre Berger et qu'Il est avec nous, même dans ces temps sombres.

Au fil du temps, encore plus de mal s'abattra sur le monde. Au rythme des occurrences de catastrophes récentes, il est inévitable que l'état du monde s'aggrave avant de vivre une paix permanente à travers le règne éternel de notre Berger-Roi, Jésus-Christ.

Et dans l'intervalle, au lieu de sombrer dans une paralysie perpétuelle causée par la peur, demeurons fermes dans les promesses de Dieu, comme cette promesse faite à Josué en Deut. 31 :8 : « L'Éternel marchera lui-même devant toi, il sera Lui-même avec toi, il ne te délaissera point, il ne t'abandonnera point ; ne crains point, et ne t'effraie point ».

Ne craignons donc aucun mal !

Ni maintenant, ni jamais !

« Car, ce n'est pas un esprit de timidité que Dieu nous a donné, mais un esprit de force, d'amour et de sagesse » (2 Tim 1 :7).

Il se peut que nous ignorions ce que l'avenir produira, mais nous sommes certains que YHWH tient l'avenir dans ses mains. Il est au contrôle de tout, et Son plan pour nous est parfait.

Nous souffrons, mais nous ne perdons pas d'espoir !

Nous pleurons, toujours est-il que nous nous réjouissons en Lui !

Car, « le soir arrivent les pleurs, et le matin l'allégresse » (Ps.30 :5b).

Et en tant que brebis entretenues par YHWH, nous savons qu'Il est présent au milieu de nous à travers le Saint-Esprit, même si nous ne pouvons pas Le voir physiquement.

En plus de Sa perpétuelle présence spirituelle, nous nous reposons sur la promesse que Christ rétablira bientôt physiquement, Son Royaume Messianique qui durera éternellement.

Et, NOUS TOUS qui L'aimons vraiment et qui, indéfectiblement croyons en Lui, nous Le verrons face à face au dernier jour ; et nous habiterons Sa maison à jamais, là où nous vivrons harmonieusement entre nous et avec Lui.

Quel jour de réjouissances sera-ce !

Oui, viens bientôt ! Viens, Seigneur Jésus ! Amen !

NOTES

PRIÈRES/POÈMES INSPIRÉS DU PSAUME 23

Prière/Strophe #1

Yahweh est mon Berger ;
Il pourvoira à mes besoins.
Yahweh est mon Berger ;
Et Je ne m'inquiéterai de rien.

Prière/Strophe #2

Yahweh est mon Berger ;
Mon fardeau est enlevé.
Yahweh est mon Berger ;
Mon esprit est soulagé.

Prière/Strophe #3

Yahweh est mon Berger ;
Mon Espoir et ma Demeure.
Yahweh est mon Berger ;
Lui seul est mon Conducteur.

Prière/Strophe #4

Yahweh est mon Berger ;
Il m'accompagnera toujours.
Yahweh est mon Berger ;
Et je suis sûr de ce fait !

Prière/Strophe #5

Yahweh est mon Berger ;
Tout-Puissant dans les combats.
Yahweh est mon Berger ;
Tous mes ennemis, Il vainquera !

Prière/Strophe #6

Yahweh est mon Berger ;
La Gloire de mes hauts-faits.
Yahweh est mon Berger ;
Lui et moi, pour jamais.

BIBLIOGRAPHIE

Adamo, David T. "Reading Psalm 23 in African Context." Verbum et Ecclesia 39, no. 1 (January 2018): 1–8.

Bergant, Dianne. Psalms 1-72 : Volume 22. New Collegeville Bible Commentary. Old Testament. Collegeville, Minnesota : Liturgical Press, 2013.

Blasa, Erwin, and Clarence Marquez. "Towards A 'Shepherd' Spirituality: The Application of the Image of Sheep-and-Shepherd in Psalm 23 to Seminary Formation in the Philippines." Philippiniana Sacra 45, no. 135 (September 2010): 610–70.

Clines, David J. A. "The Lord Is My Shepherd in East and South East Asia." Sino- Christian Studies 1 (June 2006) : 37–54.

Coronation." Columbia Electronic Encyclopedia, 6th Edition, February 2020, 1.

Goulder, Michael. "David and Yahweh in Psalms 23 and 24." Journal for the Study of the Old Testament 30, no. 4 (June 2006): 463–73.

Gunkel, Hermann. The Psalms: A Form-Critical Introduction. Tubingen: Fortress Press, 1967.

Keller, Phillip W. A Shepherd's Look At Psalm 23. Grand Rapids, MI : Zondervan Publishing House, 1970-71.

Klingbeil, Martin G. "Psalm 23." Seventh-day Adventist International Bible Commentary [in print].

Mayes, James L. Psalms-Interpretation-A Bible Commentary for Teaching and Preaching. John Louisville : Knox Press, [1994].

Muthunayagom, Daniel Jones. "The Image of God as King and the Nature of His Power in the Old Testament." Bangalore Theological Forum 41, no. 2 (2009): 29–48.

Nel, Philip J. "Yahweh Is a Shepherd : Conceptual Metaphor in Psalm 23." Horizons in Biblical Theology 27, no. 2 (December 2005): 79–103.

O'Kennedy, Daniël Francois. "God as Healer in the Prophetic Books of the Hebrew Bible." Horizons in Biblical Theology 27, no. 1 (June 2005): 87–113.Steussy, Marti J. David : Biblical Portraits of Power. Studies on Personalities of the Old Testament. Columbia, S.C. : University of South Carolina Press, 1999. 40-41.

Ogunlana, Babatunde A. "God's Compassion in Jonah as Motivation for Christian Mission." BTSK Insight 15, no. 2 (October 2018) : 172–200.

Steussy, Marti J. David : Biblical Portraits of Power. Studies on Personalities of the Old Testament. (Columbia, S.C. : University of South Carolina Press, 1999), 41-42.

Tappy, Ron E. "Psalm 23 : Symbolism and Structure." The Catholic Biblical Quarterly 57, no. 2 (April 1995) : 255–80.

Thorpe, Jacqulyn Brown. "Psalm 23 : A Remix." Journal of Religious Thought 59/60, no. 1/2, 1 (January 2006) : 165–79.

Voigt, Gottfried. "The Speaking Christ in His Royal Office." Concordia Theological Monthly 23 (1952), 161–75.

Wilson, Gerald H., The NIV Application Commentary, Psalm Vol. 1, (Zondervan, Grand Rapids, MI, 2002), 434.

Printed in the United States
by Baker & Taylor Publisher Services